La vida en números

Compradores inteligentes

Karin Anderson, M.A.T.

Créditos de publicación

Rachelle Cracchiolo, M.S.Ed., *Editora comercial*
Conni Medina, M.A.Ed., *Gerente editorial*
Nika Fabienke, Ed.D., *Realizadora de la serie*
June Kikuchi, *Directora de contenido*
Caroline Gasca, M.S.Ed., *Editora superior*
Sam Morales, M.A., *Editor asociado*
John Leach, *Editor asistente*
Kevin Pham, *Diseñador gráfico*
Jill Malcolm, *Diseñadora gráfica básica*

Créditos de imágenes: portada, pág.1 Tooykrub/Shutterstock; pág.16 jfmdesign/iStock; pág.23 segunda desde arriba: Kunal Mehta/ Shutterstock.com; las demás imágenes de iStock y/o Shutterstock.

Library of Congress Cataloging-in-Publication Data

Names: Anderson, Karin, author.
Title: Compradores inteligentes / Karin Anderson.
Other titles: Smart shoppers. Spanish
Description: Huntington Beach, CA : Teacher Created Materials, [2018] | Series: La vida en numeros | Translation of: Smart shoppers. | Audience: K to grade 3. |
Identifiers: LCCN 2018008956 (print) | LCCN 2018012422 (ebook) | ISBN 9781425830380 (ebook) | ISBN 9781425826932 (pbk.)
Subjects: LCSH: Shopping--Juvenile literature.
Classification: LCC TX335.5 (ebook) | LCC TX335.5 .A5318 2018 (print) | DDC 381/.1--dc23
LC record available at https://lccn.loc.gov/2018008956

Teacher Created Materials
5301 Oceanus Drive
Huntington Beach, CA 92649-1030
www.tcmpub.com

ISBN 978-1-4258-2693-2

Printed in China
Nordica.102018.CA21801128

¡Hacemos las **compras** en el **supermercado**! Elegimos qué comprar.

Necesitamos un carrito. ¿Tomamos una cesta pequeña o un carro grande?

Elijo el carro grande.

Necesitamos frutas. Mamá pregunta: "¿Compramos manzanas o peras?".

Elijo ambas. Compramos tres manzanas y cinco peras.

Necesitamos zanahorias. "¿Compramos zanahorias grandes o pequeñas?", pregunta mamá.

Elijo ocho zanahorias pequeñas.

Necesitamos huevos. Aquí hay doce huevos.

Aquí hay seis huevos. Elegimos doce huevos.

¡Nos queda dinero para un postre!

¡Elijo helado!

Nos divertimos haciendo las compras.

Hicimos varias elecciones.

Glosario

cesta

compras

elecciones

supermercado